APRENDIENDO A LEER Y ESCRIBIR

- Vocales
- Silabas
- Oraciones
- Lectura
- Trazos

Libro de Actividades Preescolar

1

TODO SOBRE MI

Mi nombre:

Tengo:

ños

Mi color favorito es:

Mi comida favorita:

Cuando crezca quiero ser:

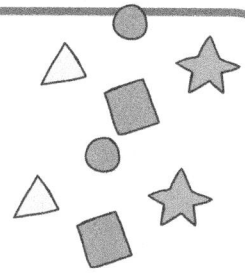

Muchas Gracias

★ ★ ★ ★ ★

Gracias por adquirir este libro, si te ha gustado te agradeceríamos que dejaras una reseña en Amazon con la finalidad de poder mejorar con tu valiosa ayuda.

Puedes contarnos que ha sido lo que mas te ha gustado ó cuales son las oportunidades de mejoras. Escanea el código!

Disfruta tu libro y hasta la próxima!

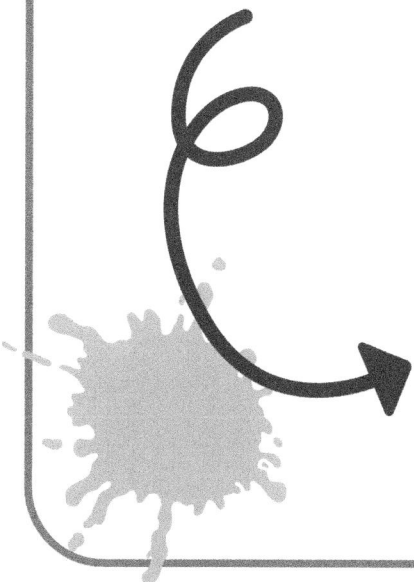

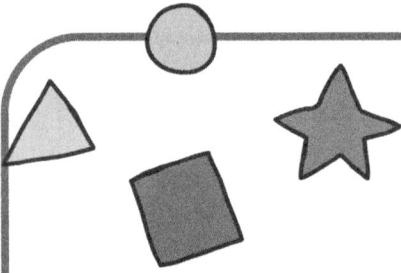

INDICE

Practicando los Trazos

· ·

- - - - - - - - - - - - - -

_____

Líneas y Trazos para practicar

Trazá el recorrido de las letras.

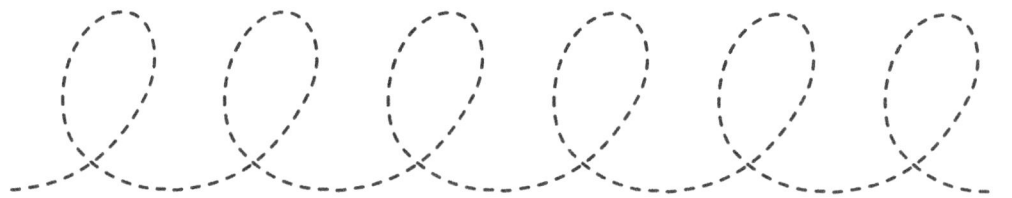

Líneas y Trazos para practicar

Trazá el recorrido de las letras.

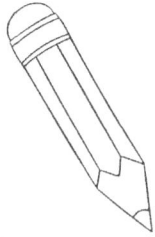

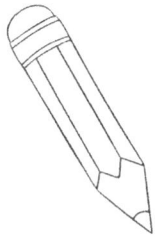

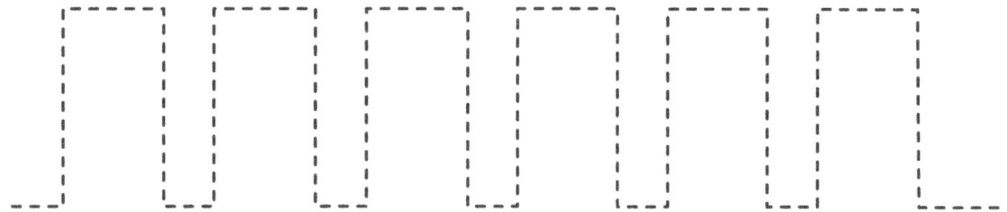

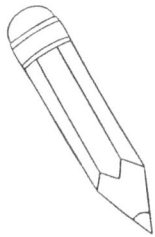

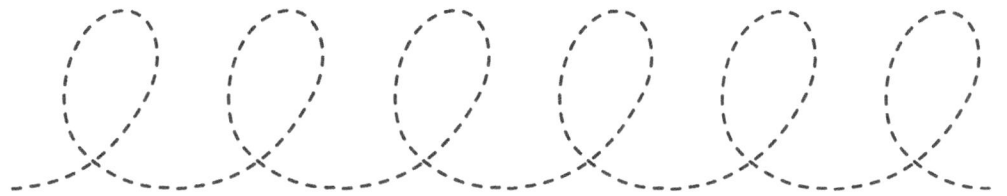

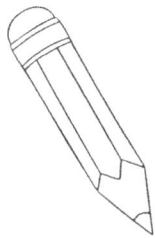

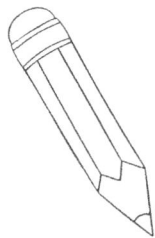

Aprendamos

las Vocales

aeiou

Sigue las lineas punteadas y escribe las vocales

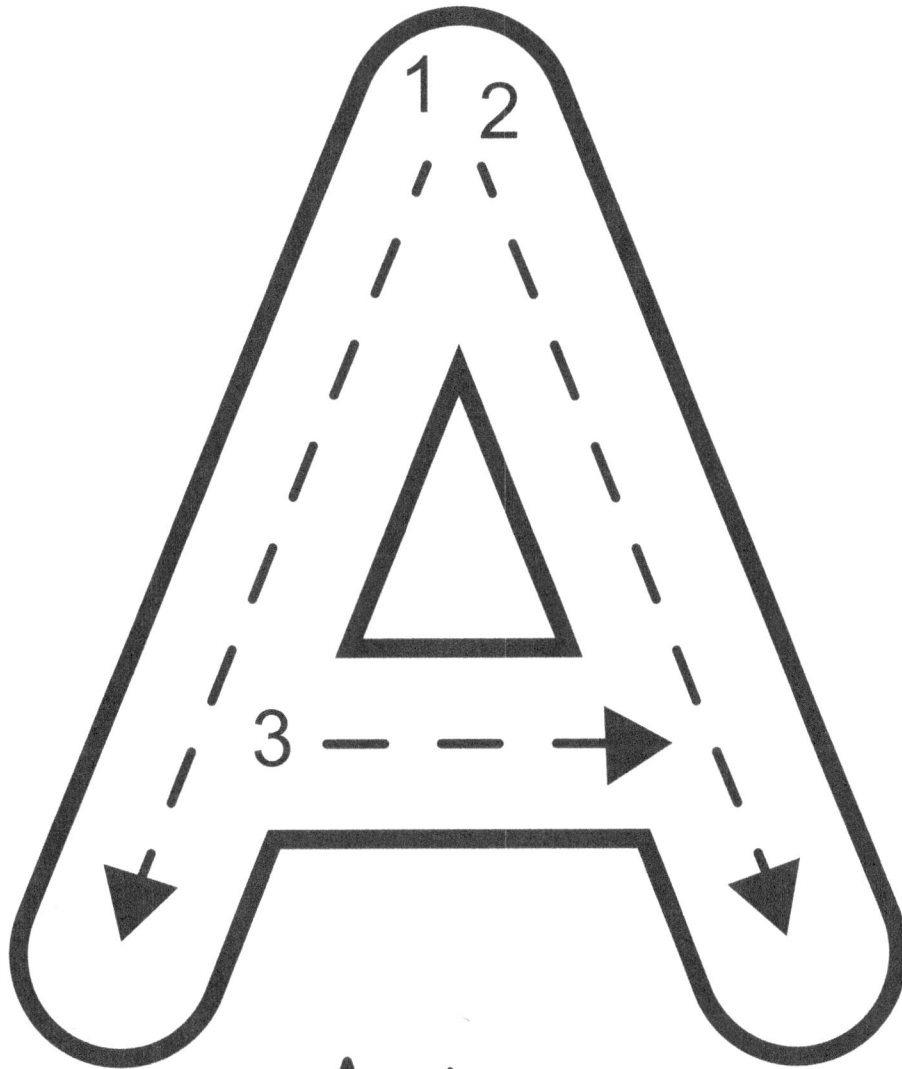

Avión

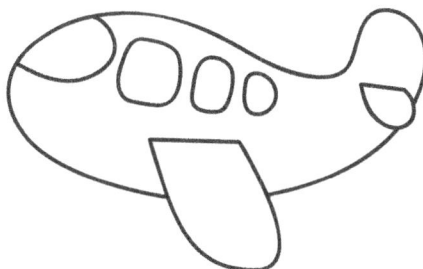

Sigue las lineas punteadas y escribe las vocales

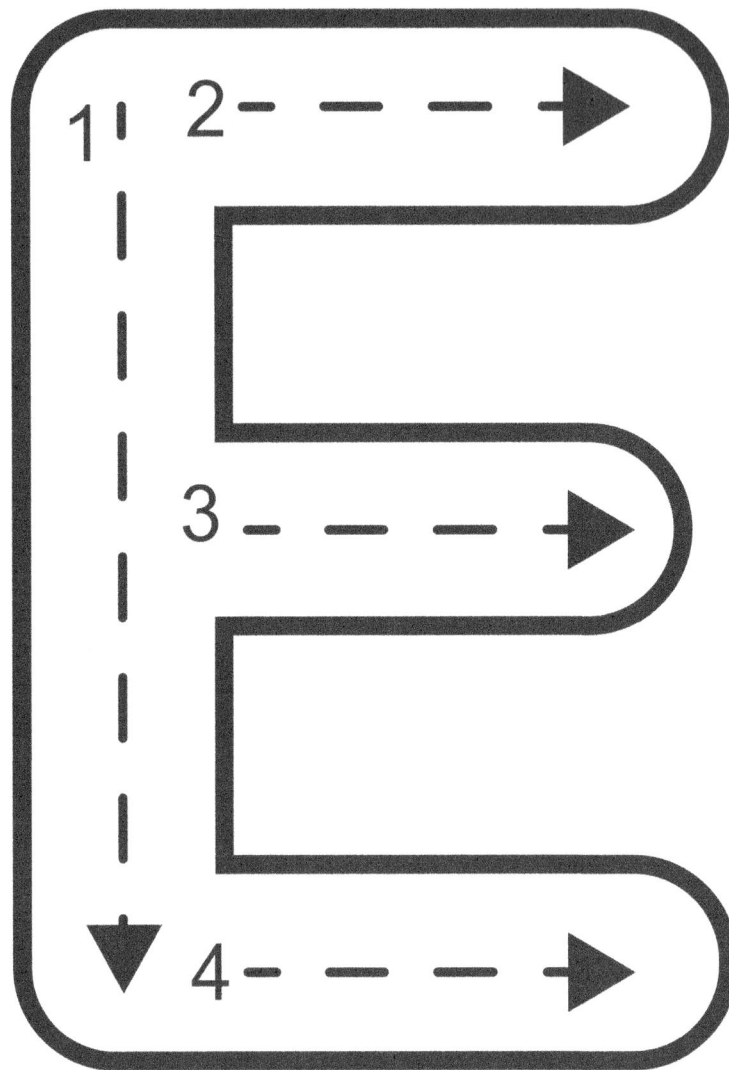

Elefante

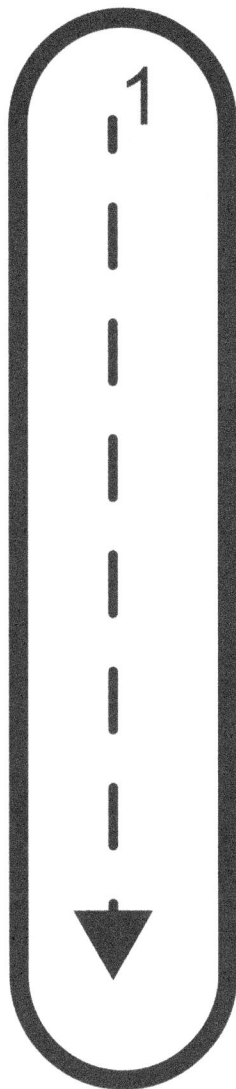

1

Iglesia

Sigue las lineas punteadas y escribe las vocales

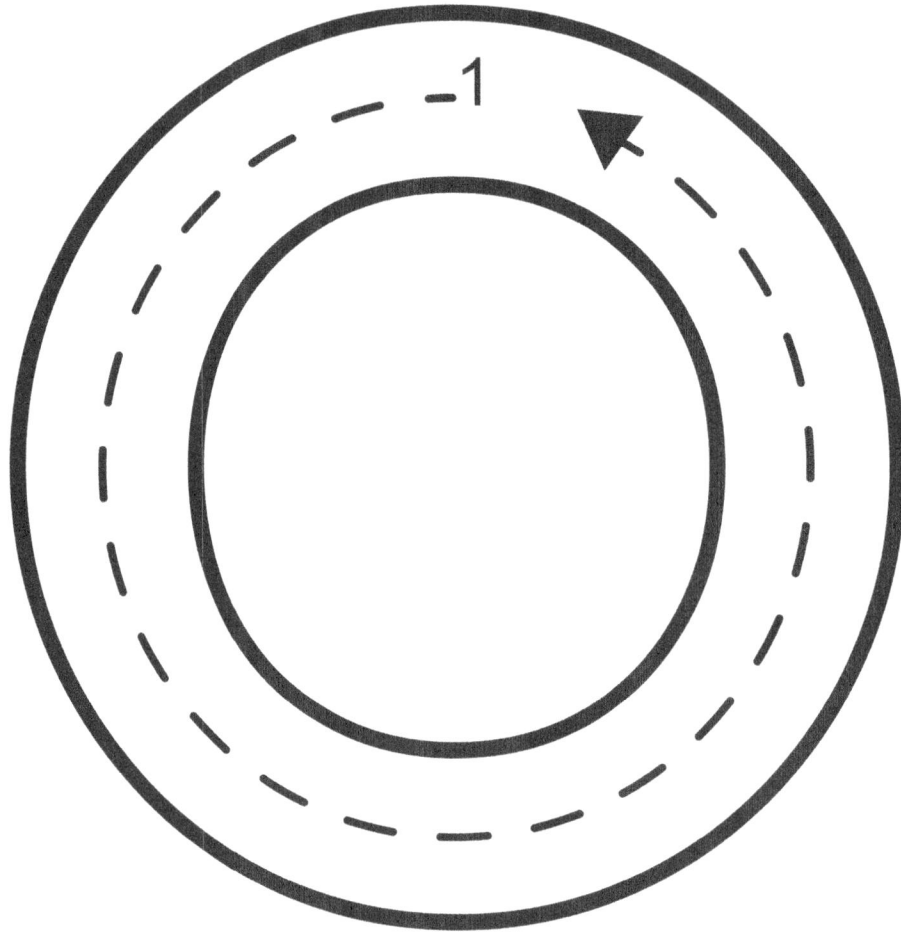

Oso

Sigue las lineas punteadas y escribe las vocales

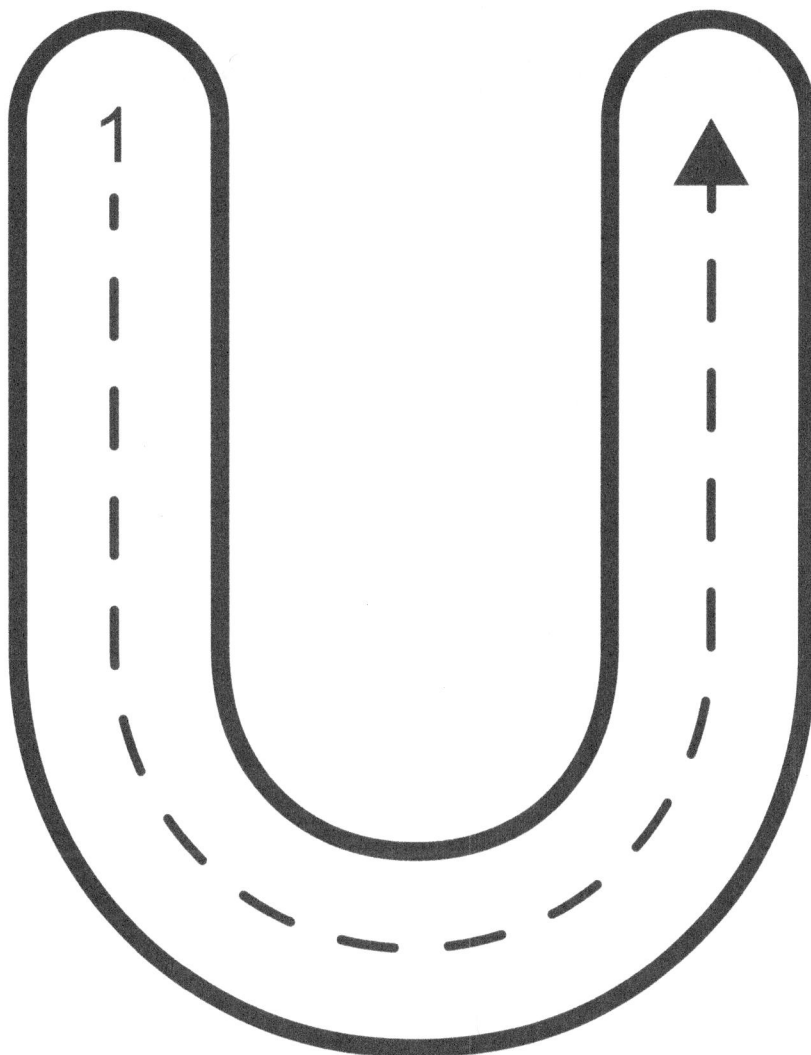

Uva

Aprendamos el ABECEDARIO

avion	burro	cangrejo	delfín

A a	B b	C c	D d

elefante	foca	gato	hormiga

E e	F f	G g	H h

iguana	jirafa	koala	león

I i	J j	K k	L l

mariposa	nutria	ñandú	oso

M m	N n	Ñ ñ	O o

15

perro	queso	ratón	serpiente

   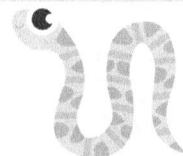

P p	Q q	R r	S s

tortuga	uva	vaca	wafle

T t	U u	V v	W w

xilifono	yoyo	zorro

X x	Y y	Z z

Aa

Avión

A A A A A A

A A A A A A

a a a a a

a a a a a

B b

Balon

B

B

b

b

C c

Carro

C   c   c   c   c

C   c   c   c   c

c   c   c   c   c

c   c   c   c   c

D d

Dinosaurion

D   D   D   D   D

D   D   D   D   D

d   d   d   d   d

d   d   d   d   d

E e

Elefante

E — E — E — E — E — E

E — E — E — E — E — E

e — e — e — e — e

e — e — e — e — e

F f

Familia

F

F

f

f

Gg

Gato

G   G   G   G   G

G   G   G   G   G

g   g   g   g   g

g   g   g   g   g

Hh

Helado

H

H

h

h

Ii

Iglesia

I

I

i

i

J j

Jirafa

J   J J J J

J   J J J J

j   j j j j j j

j   j j j j j j

K k

Koala

K   K   K   K   K

K   K   K   K   K

k   k   k   k   k

k   k   k   k   k

Ll

Limon

L

L

l

l

Mm

Mamá

M — M M M M M M M M M

M — M M M M M M M M M

m — m m m m m m m m m

m — m m m m m m m m m

Nn

Naranja

N

N

n

n

Ññ

Ñu

Ñ N N N N

Ñ N N N N

ñ n n n n

ñ n n n n

O o

Oso

O

O

o

o

P p

Papá

P   P   P   P   P

P   P   P   P   P

p   p   p   p   p

p   p   p   p   p

Q q

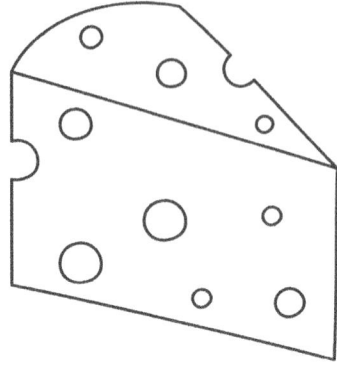

Queso

Q   Q   Q   Q   Q

Q   Q   Q   Q   Q

q   q   q   q   q

q   q   q   q   q

Rr

Raton

R R R R R

R R R R R

r r r r r

r r r r r

Ss

Sueter

S

S

s

s

T t

Tomate

T

T

t

t

U u

Uva

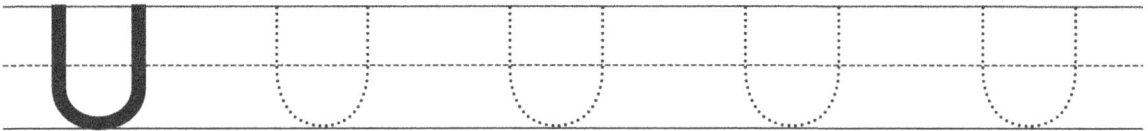

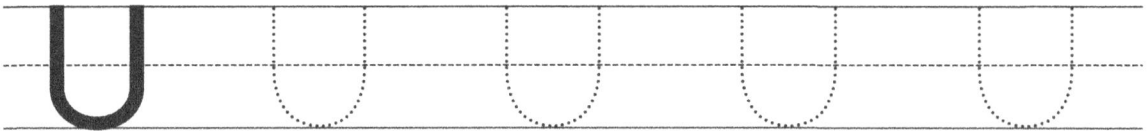

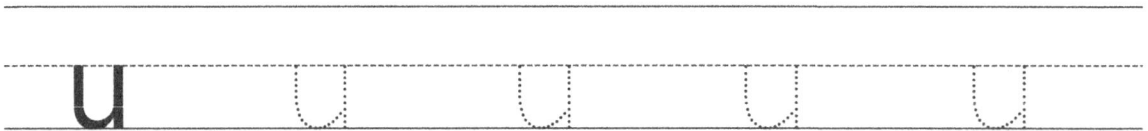

V v

Vaca

V

V

v

v

W w

Wafle

W   w w w w w w w w

W   w w w w w w w w

w   w w w w

w   w w w w

X x

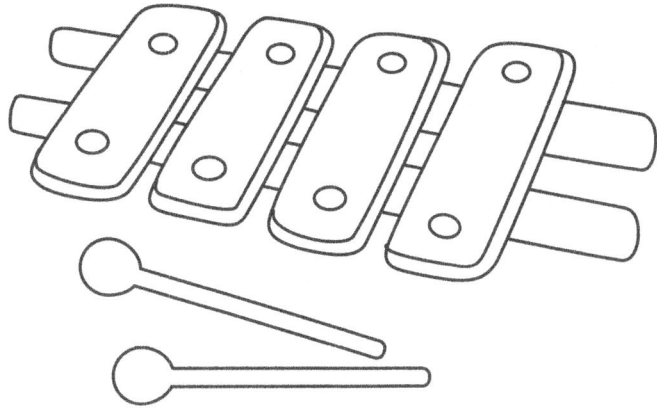

Xilifono

X

X

x

x

Y y

Yoyo

Y

Y

y

y

Z z

Zorro

Z

Z

z

z

El alfabeto y mi nombre

INSTRUCCIONES: Identifica las letras de tu nombre, enciérralas.

Mayúsculas

A	B	C	D	E	F	G	H	I
J	K	L	M	N	O	P	Q	R
S	T	U	V	W	X	Y	Z	

Minúsculas

a	b	c	d	e	f	g	h	i
j	K	l	m	n	o	p	q	r
s	t	u	v	w	x	y	z	

Escribe tu nombre.

_____

_____

_____

Encuentra la imagen y luego traza la palabra

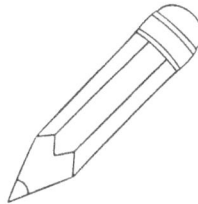

mamá

papá

oso

gato

Encuentra la imagen y luego traza la palabra

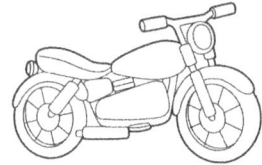

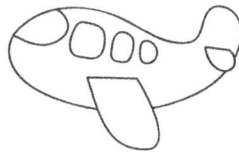

abeja   moto

carro   nube

Encuentra la imagen y luego traza la palabra

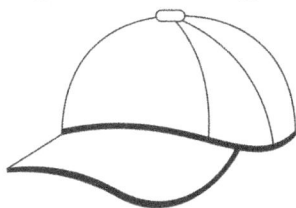

pulpo   cama

ducha   leon

Encuentra la imagen y luego traza la palabra

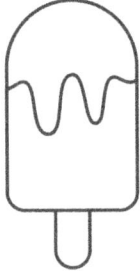

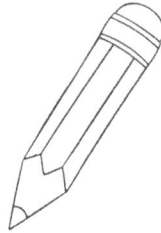

luna   silla

mesa   sol

Encuentra la imagen y luego traza la palabra

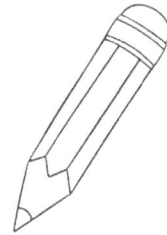

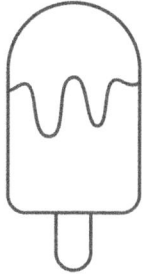

vaso

toro

helado

niño

Encuentra la imagen y luego traza la palabra

sapo   casa

perro   lentes

Encuentra la imagen y luego traza la palabra

conejo ratón

pájaro oveja

Encuentra la imagen y luego traza la palabra

pato   mono

globo   zorro

Encuentra la imagen y luego traza la palabra

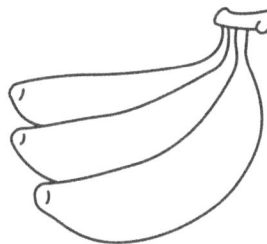

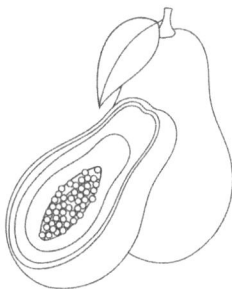

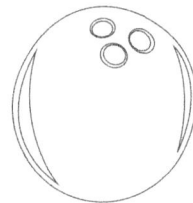

uva   banana

piña   coco

Encuentra la imagen y luego traza la palabra

6 3 2

1 7 4

5 9 8

uno   dos

tres   cuatro

Aprendamos las Sílabas

m A   T E

ce   TO

d i   P A

LAS SÍLABAS CON LA LETRA M

Escribe la sílabas que faltan en las siguientes palabras.

Ma  ___ ___ ma

Me  ___ ___ sa

Mi  ___ ___ crofono

Mo  ___ ___ no

Mu  ___ ___ ñeca

Palabras con las Sílabas

mama, ama, mima, mami
memo, mimo, mio, ame.

Leer

Amo a mi mamá.
Mi mamá me ama.
Mimo a mi mamá.
Mi mamá me mima.

LAS SÍLABAS CON LA LETRA P

Escribe la sílabas que faltan en las siguientes palabras.

Pa

___ ___ pa

Pe

___ ___ rro

Pi

___ ___ ña

Po

___ ___ llo

Pu

___ ___ erco

Palabras con las Silabas

papá, mopa, papi, pepe, pipa, pepa, mapa, puma.

Leer

Papá ama a mamá.

Mamá ama a papi.

Mi papá me ama.

Amo a mi papá

LAS SÍLABAS CON LA LETRA L

Escribe la sílabas que faltan en las siguientes palabras.

La

Le

Li

Lo

Lu

 ___ ___ piz

 ___ ___ che

 ___ ___ ma

 ___ ___ ro

 ___ ___ na

Palabras con las Silabas

loma, palo, pala, lima, pila, lupa, mula, lomo.

Leer

Papá lima la pala.

Mamá pela la papa.

Lili pule la lupa.

Lola ama a pepe.

LAS SÍLABAS CON LA LETRA S

Escribe la sílabas que faltan en las siguientes palabras.

Sa   __ __ po

Se   __ __ maforo

Si   __ __ lla

So   __ __ pa

Su   __ __ ma

Palabras con las Silabas

suma, sopa, oso, sapo,
misa, piso, peso, masa.

Leer

Ese oso pasea.

Mi oso se asoma.

Lili pasa la sopa.

La mesa es de mamá.

LAS SÍLABAS CON LA LETRA T

Escribe la sílabas que faltan en las siguientes palabras.

Ta

___ ___ za

Te

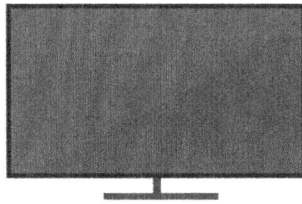

___ ___ levisor

Ti

___ ___ jera

To

___ ___ mate

Tu

___ ___ bo

Palabras con las Silabas

tomate, teme, mata, moto,
lata, tapa, timo, tete.

Leer

Toma la pelota.

Mamá toma té.

Toma ese tomate.

Pepe mete la moto.

LAS SÍLABAS CON LA LETRA N

Escribe la sílabas que faltan en las siguientes palabras.

Na

 ___ ___ ranja

Ne

 ___ ___ ___ ne

Ni

 ___ ___ do

No

 ___ ___ via

 ___ ___ be

Nu

Palabras con las Silabas

nene, nena, luna, mona, pino, mani, tuna, enano.

Leer

La nene pasea sola.

Papa pasea al nene.

Elena toma nota.

Lina ama a su mama.

LAS SÍLABAS CON LA LETRA D

Escribe la sílabas que faltan en las siguientes palabras.

Da

___ ___ do

De

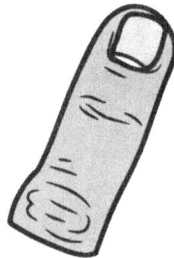

___ ___ ___ do

Di

___ ___ ploma

Do

___ ___ mino

Du

___ ___ cha

68

Palabras con las Silabas

dado, dime, dame, lado, nada, lodo, duda, nada.

Leer

Me duele el dedo.
Dame esa pelota.
Adela me saluda.
Pasame ese dado.

LAS SÍLABAS CON LA LETRA C

Escribe la sílabas que faltan en las siguientes palabras.

Ca      ___ ___ sa

Co      ___ ___ co

Cu      ___ ___ na

Palabras con las Silabas

copa,   pico,   capa,   casa,
cuna, coco, cama, come.

Leer

Lolita come poco.

La copa es de mama.

Papa tiene una casa.

Paco come coco.

LAS SÍLABAS CON LA LETRA C Y Q

Escribe la sílabas que faltan en las siguientes palabras.

Ca

_____ _____ sa

Que

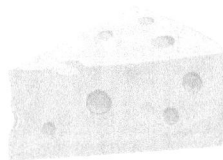

_____ _____ so

Qui

_____ _____ tasol

Co

_____ _____ nejo

Cu

_____ _____ caracha

Palabras con las Silabas

casa, queso, quema, cana,
saco, coma, paquete, cuna

Leer

El mosquito pica.
Toma ese queso.
Ana quita la cuna.
Lalo quiere un saco.

LAS SÍLABAS CON LA LETRA B

Escribe la sílabas que faltan en las siguientes palabras.

Ba  ___ ___ rril

Be  ___ ___ so

Bi  ___ ___ cicleta

Bo  ___ ___ la

Bu  ___ ___ rro 74

Palabras con las Silabas

bola,   bebida,   lobo,   beso,
bata,   tubo,   bebe,   buque.

Leer

La casa es bonita.

Beso a mi mamá.

El bebe toma sopa.

El bate es bonito.

LAS SÍLABAS CON LA LETRA V

Escribe la sílabas que faltan en las siguientes palabras.

Va  ___ ___ ca

Ve  ___ ___ la

Vi  ___ ___ drio

Vo  ___ ___ lante

Vu  ___ ___ elta

Palabras con las Silabas

vaca, uva, vela, volante, vida, vivo, vacuna, nave.

Leer

Esta vaca es de papá.

El pavo es una ave.

La vela es de dina.

Papá lava el vaso.

LAS SÍLABAS CON LA LETRA R

Escribe la sílabas que faltan en las siguientes palabras.

Ra   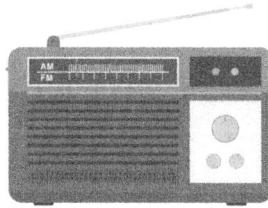   _ _ _ dio

Re      _ _ _ loj

Ri      _ _ _ sa

Ro      _ _ sa

Ru      _ _ _ ta

Palabras con las Silabas

radio, raro, pera, risa, ruta, torero, rato, loro.

Leer

Maria se rie sola.

Nora tiene una rosa.

El reloj es de oro.

El loro saluda

LAS SÍLABAS CON LA LETRA F

Escribe la sílabas que faltan en las siguientes palabras.

Fa

___ ___ ro

Fe

___ ___ rrocarril

Fi

___ ___ la

Fo

___ ___ ca

Fu

___ ___ ente

Palabras con las Silabas

faro,   fila,   foco,   faja,
cafe,   foca,   afilar,   fe.

Leer

Mira ese faro.

Mi papá toma cafe.

Amo a mi familia.

La foto es bonita.

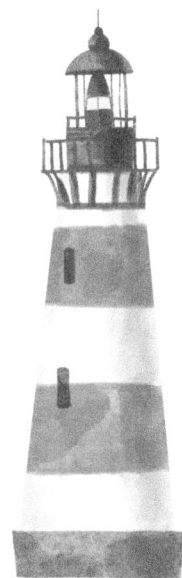

LAS SÍLABAS CON LA LETRA J Y G

Escribe la sílabas que faltan en las siguientes palabras.

Ja  __ __ rra

Je  __ __ fe

Ji  __ __ rafa

Jo  __ __ ya

Ju  __ __ guete

Ge  __ __ ometria

Gi  __ __ rasol

Palabras con las Silabas

jarra, jirafa, cojo, girasol, genio, gigante, jugo, caja

Leer

La oveja come paja.
Felipe toma jarabe.
Toma esa caja.
Gisela ama a José.

LAS SÍLABAS CON LA LETRA Y

Escribe la sílabas que faltan en las siguientes palabras.

Ya		___ ___ te
Ye		___ ___ so
Yi		___ ___ nyan
Yo		___ ___ yo
Yu		___ ___ ca

Palabras con las Silabas

yate, yema, yeso, yegua,
yoyo, joya, rayo, puya

Leer

El yate es de julio.
Yoli canta y rie.
Ese es un payaso.
Yo tengo un yoyo.

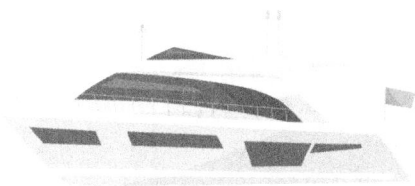

Palabras con las Silabas

tiza, taza, pozo, zumo,
cera, lazo, cine, cinta.

Leer

Mira ese pozo.

Cecilia cena tarde.

Me gusta ese lazo.

Ana va al cine.

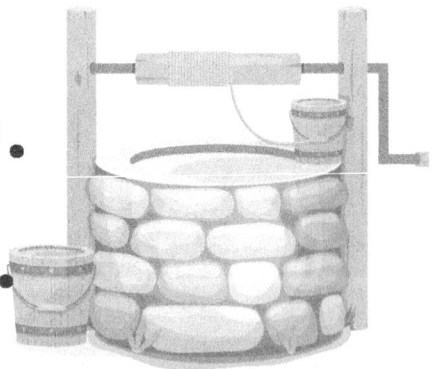

LAS SÍLABAS CON LA LETRA Z

Escribe la sílabas que faltan en las siguientes palabras.

Za

 ___ ___ pato

Zo

 ___ ___ so

Zu

 ___ ___ nyan

Ce

 ___ ___ na

Ci

 ___ ___ ne

87

LAS SÍLABAS CON LA LETRA H

Escribe la sílabas que faltan en las siguientes palabras.

Ha   ___ ___ cha

He   ___ ___ lado

HI   ___ ___ lo

Ho   ___ ___ ja

Hu   ___ ___ mo

Palabras con las Silabas

hola, helado, hijo, humo,
hoja, búho, hora, hada,

Leer

La hoja es verde.
El hilo es dorado.
El rejo la la hora.
Yo quiero un helado.

Mis Primeras Lecturas

¡Vamos a leer!

Lee las siguientes frases guiándote con los dibujos.

La  tiene un

El  juega con la

La  es de

El  vive en

El  come

¡Vamos a leer!

Lee las siguientes frases guiándote con los dibujos.

El  es de color

El  juega con la

La  es de

El  duerme en

El  come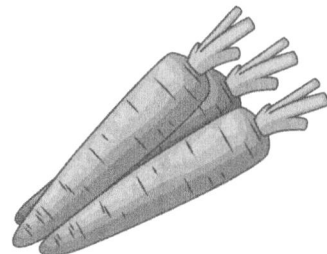

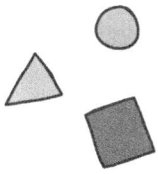

¡Vamos a leer!

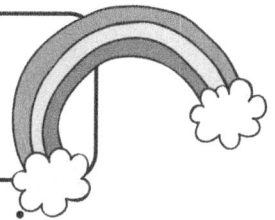

Lee las siguientes frases guiándote con los dibujos.

La  está

El  come

El  es de

La  toca la

El  le gusta

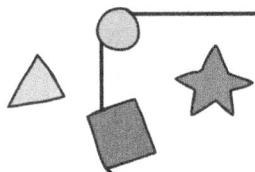

Lee las siguientes frases guiándote con los dibujos.

La 🍊 es de color ⬤

La 🦋 tiene alas ⬤

El 🐛 come 🌿

El ☀ esta en el ☁

La ⚪ tiene varios ⬤

96

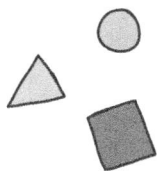

¡Vamos a leer!

Lee las siguientes frases guiándote con los dibujos.

La  esta en el

La (rana) esta en

La (flor) vive en el

El (oso) come

La (vaca) da

Mamá

Mi mamá es muy especial. Ella me cuida y me ama mucho. Su risa es como música y su abrazo es el lugar más cómodo del mundo.

Cuando estoy triste, mi mamá me consuela con palabras dulces, cuando estoy feliz, ella celebra conmigo y su sonrisa brilla más que el sol.

¡Gracias, mamá, por ser la mejor!

Papá

Mi papá es genial. Él es fuerte como un oso. Jugamos juntos al fútbol en el jardín, siempre me anima a hacer lo mejor que pueda.

Cuando estoy triste, mi papá me levanta en sus brazos y me hace cosquillas hasta reír, me cuenta historias antes de dormir y me hace sentir en un mundo mágico.

Mi papá es mi héroe. Lo amo mucho y estoy feliz de tenerlo como mi papá.

¡Gracias, papá, por ser tan increíble!

La familia

Mi familia es un equipo. Papá, mamá, hermano y yo.

Papá trabaja duro y nos protege. Mamá nos cuida y nos enseña cosas nuevas todos los días. Mi hermano y yo jugamos y nos divertimos juntos.

En casa, compartimos risas, comidas y abrazos cálidos. Cuando necesitamos ayuda, siempre estamos aquí el uno para el otro.

¡Mi familia es mi tesoro más preciado!

Las Mascotas

Tengo mascotas muy especiales. Mi perro se llama Max y es juguetón y leal. Mi gato, Luna, es suave y le encanta dormir al sol.

Jugamos juntos, nos abrazamos y nos cuidamos. Max me acompaña en mis aventuras y Luna ronronea cuando la acaricio.

Cuidamos de ellos con amor y ellos nos hacen felices. ¡Mis mascotas son parte de mi familia!

Los Alimentos

Los alimentos son importantes para estar fuertes y saludables. Las frutas como las manzanas y las bananas son dulces y llenas de vitaminas. Las verduras como las zanahorias y los brócolis son crujientes y nos dan energía.

También comemos alimentos como el pan, el arroz y la carne que nos ayudan a crecer y mantenernos activos.

Recuerda siempre lavar tus manos antes de comer y ¡disfrutar cada bocado!

Los Plantas

Las plantas son increíbles. Ellas crecen con la luz del sol y el agua de la lluvia. Algunas plantas dan frutas deliciosas, como las manzanas y las fresas. Otras tienen flores hermosas y coloridas.

Cuidamos de las plantas regándolas y dándoles amor. Ellas nos dan aire fresco y hacen nuestro mundo más verde y bonito.

¡Las plantas son nuestros amigos naturales!

La Navidad

La Navidad es un tiempo mágico. Decoramos nuestro hogar con luces brillantes y un árbol bonito. Cantamos villancicos y hacemos galletas deliciosas.

Es un momento para compartir con la familia y los amigos. Abrimos regalos y sonreímos mucho.

Pero lo más importante, recordamos el amor y la bondad, y damos gracias por todas las cosas buenas en nuestras vidas.

¡La Navidad es alegría y amor!

La Musica

La música es como un cuento mágico que escuchamos con nuestros oídos. Hay muchos tipos de música: alegre, triste, rápida y lenta.

Con instrumentos como la guitarra, el piano y el tambor, creamos melodías hermosas que nos hacen bailar y cantar.

La música nos hace felices y nos une con otras personas. ¡Es como un abrazo para nuestros corazones!

La Amistad

La amistad es como un tesoro. Los amigos son como estrellas brillantes que iluminan nuestro camino.

Juntos jugamos, reímos y compartimos nuestros secretos. Nos apoyamos en los momentos difíciles y celebramos los logros juntos.

Con amigos, la vida es más divertida y emocionante.

¡Los amigos son como un regalo precioso que siempre valoramos!

La Lectura

Leer es como un viaje mágico. Con un libro en mano, podemos explorar mundos lejanos y conocer nuevos amigos.

Crear el hábito de leer es genial. Podemos hacerlo en la mañana o antes de dormir. Cuanto más leemos, más palabras nuevas aprendemos.

La lectura nos ayuda a imaginar, aprender y crecer. ¡Y lo mejor de todo es que siempre nos divierte!

Thank you

Gracias por llegar aca

Made in the USA
Las Vegas, NV
20 May 2024